Alex Theile

Geschlechterspezifische Unterschiede in der Kriminalitätsfurcht (Vulnerabilität)

GRIN Verlag

Bibliografische Information der Deutschen Nationalbibliothek:

Die Deutsche Bibliothek verzeichnet diese Publikation in der Deutschen National-
bibliografie; detaillierte bibliografische Daten sind im Internet über http://dnb.d-
nb.de/ abrufbar.

Impressum:

Copyright © 2004 GRIN Verlag GmbH
Druck und Bindung: Books on Demand GmbH, Norderstedt Germany
ISBN: 978-3-640-85797-5

Dieses Buch bei GRIN:

http://www.grin.com/de/e-book/65712/geschlechterspezifische-unterschiede-in-der-
kriminalitaetsfurcht-vulnerabilitaet

GRIN - Your knowledge has value

Der GRIN Verlag publiziert seit 1998 wissenschaftliche Arbeiten von Studenten, Hochschullehrern und anderen Akademikern als eBook und gedrucktes Buch. Die Verlagswebsite www.grin.com ist die ideale Plattform zur Veröffentlichung von Hausarbeiten, Abschlussarbeiten, wissenschaftlichen Aufsätzen, Dissertationen und Fachbüchern.

Besuchen Sie uns im Internet:

http://www.grin.com/

http://www.facebook.com/grincom

http://www.twitter.com/grin_com

Universität Leipzig   SS 2004

Juristische Fakultät

Seminar: "Neuere empirische- kriminologische Untersuchungen"

„Geschlechterspezifische Unterschiede in der Kriminalitätsfurcht"

(Vulnerabilität)

Alex Theile

Diplom-Soziologie

Inhaltsangabe:

<u>Vorbemerkung</u>

Wenn man mich fragen würde, wer die meiste Angst vor Kriminalität hätte, so würde ich spontan an das weibliche Geschlecht denken. In erster Linie sicherlich wegen meiner Sozialisation, in der das Bild der Frau als körperlich schwächeres Geschlecht immer mit der größeren Angst vor „Untaten" in Verbindung gebracht wird. Des Weiteren aber auch durch einschlägige mediale Mittel, wie z.b. Kino- und Fernsehfilme, in denen Frauen als besonders gefährdete Individuen dargestellt werden.

Mein folgender Text wird sich hauptsächlich mit der Untersuchung von K.-H. Reuband auseinandersetzen.

Meine Erwartung an diesen Text sind folgende Fragen:

1. Was ist Kriminalitätsfurcht?
2. Wie drückt sie sich aus?
3. Wer ist davon mehr und wer davon weniger betroffen?
4. Gibt es geschlechterspezifische Unterschiede?
5. Was versteht Reuband unter Vulnerabilität?

Der mir vorliegende Auszug eines Textes aus der Zeitschrift „neue Praxis; Jahrgang 29/1999; Seiten 147- 157" besteht aus sieben Abschnitten.

1. Einleitung
2. Zielsetzung und methodisches Vorgehen
3. Viktimisierung und Kriminalitätsfurcht
4. Vulnerabilität und Frauen: Möglichkeiten des Selbstschutzes
5. Sexuelle Elemente und Bedrohungen
6. Vermeidungsstrategien
7. Schlussbemerkungen

Reuband legt dabei besonderen Wert auf die Abschnitte drei und sechs welche den Großteil des Textes darstellen.

Der Einfachheit halber werden diese Abschnitte analog in meinem Text auftauchen. Dabei wird gleichzeitig auf die oben angeführten Fragen eingegangen werden.

Einleitung

Ausgehend von der Tatsache, dass Frauen mehr Kriminalitätsfurcht bekunden als Männer, aber weniger von Kriminalität betroffen sind, stellt sich Reuband die Frage, woraus dieses auch als „Kriminalitätsfurcht-Paradoxon" bekannt gewordene Phänomen resultiert.

Das „Kriminalitätsfurcht-Paradoxon" wurde nach ihm *„lange Zeit als Zeichen dafür gewertet, dass Kriminalitätsfurcht durch irrationale Elmente geprägt sei"* (Reuband; 1999; S. 147). Als aktuelles Lösungskonzept stellt er das Vulnerabilitätskonzept vor. Diesem Ansatz zu Folge weisen Individuen, abhängig von ihrer sozialen Lage, ihren Ressourcen und Kompetenzen, den Delikten eine unterschiedliche Bedeutung zu. Ebenso umfasst dieses Konzept die These, dass je verletzlicher jemand ist, er eher Furcht entwickeln wird, da die Konsequenzen für ihn umfassender sind.

Diese Annahme ist dem soziologischen Thomas-Theorem sehr ähnlich. Hier heißt es: „Wird eine Situation als real gedeutet, so ist sie in ihren Konsequenzen real".

Das Konzept der Vulnerabilität ist in Bezug auf Frauen mit ihrer geringeren Körperkraft und der unterschiedlichen qualitativen Deutung von Delikten thematisiert wurden. Frauen, so heißt es, haben vor sexueller Gewalt und somit auch vor Überfällen, die sexuelle Gewalt als Konsequenz haben könnten, mehr Angst als vor Eigentumsdelikten.

Nach Reuband wäre das Konzept der Vulnerabilität somit auch die Lösung des „Kriminalitätsfurcht-Paradoxon". Daraus resultiert in seiner Annahme, dass „die für sie typische Furcht nicht bei allen Delikten gleichermaßen vorkommen" (Reuband; 1999; S. 174). Seine These in Bezug auf Kriminalitätsfurcht bei Frauen, welche er untersuchen möchte, lautet: *„Am größten müsste sie bei Delikten sein, die durch Androhung und Ausübung körperlicher Gewalt gekennzeichnet sind [...] und am geringsten bei Eigentumsdelikten"*(Reuband; 1999; S.147).

Zielsetzung und methodisches Vorgehen

Seine Studie steht besonders vor der Frage, welche geschlechterspezifischen Einflussfaktoren auf die Kriminalitätsfurcht existieren. Dabei werden bisherige Indikatoren wie die Fragestellung *„Wie sicher fühlen Sie sich in Ihrer Wohngegend, wenn Sie bei Dunkelheit allein auf die Straße gehen"* (Reuband; 1999; S.148) zur Vunerabilität als unzureichend kritisiert.

Sein Forschungsdesign sieht eine postalische Befragung vor, die, wie er meint, den Vorteil hat, die negativen Interviewereinflüsse auszuschließen.

Die Begründung liegt vor allem darin, dass z.B. Männer nicht in einen Rollenkonflikt (Rolle als Mann) geraten und evtl. Fragen bezüglich der Furcht auf Grund ihrer sozialen Rolle und des implizierten Habitus nicht mit dem rollenspezifischen *„Soll"*, sondern dem erwünschten „Sein" beantworten.

Die Befragung wurde in drei ostdeutschen Städten (Leipzig, Chemnitz und Dresden) durchgeführt, wobei die Ausschöpfungsrate (zurückgesandte Fragebögen) bei ca. 69% lag. Die Auswahl der Befragten fand stichprobenartig statt, welche mit Hilfe der Adressen des Einwohnermeldeamtes gestützt wurde. Voraussetzung war das Mindestalter von 18 Jahren.

Viktimisierung und Kriminalitätsfurcht

In diesem Abschnitt wurden drei Untersuchungen vorgenommen, auf die ich im folgendem genauer eingehen werde.

Die erste Untersuchung widmete sich der Viktimisierung innerhalb der letzten 12 Monate. Dabei wurde festgestellt, dass Frauen seltener Opfer von Kriminalität waren als Männer. Auch bei der Untergliederung in verschiedene Delikte veränderte sich das Bild nicht. Unterschiede zeigten sich vor allem bei Körperverletzungen und Sachbeschädigungen sowie bei Eigentumsdelikten in Zusammenhang mit Autobesitz, bei denen Männer immer häufiger betroffen waren als Frauen. Kaum Unterschiede gab es jedoch bei Diebstahl und anderen kleineren Delikten, bei denen Männer und Frauen gleichermaßen betroffen waren. Die Unterschiede entstanden hier nur beim Vergleich mit anderen Städten.

Aus diesen Ergebnissen schlussfolgert Reuband, dass es keine geschlechterspezifische Belastung gibt, die eine höhere Kriminalitätsfurcht bei Frauen rechtfertigen würde.

Die zweite Untersuchung beschäftigte sich mit der Frage der objektiven Bedrohung, welche mit Hilfe des Standardindikators „Sicherheit beim Spaziergang in der Nacht durch die Nachbarschaft" untersucht wurde.

Dabei war in allen Städten zu beobachten, dass sich prozentual mehr Frauen ziemlich- bzw. sehr unsicher fühlten.

Nach Reuband birgt die Verwendung dieses Indikators einige Probleme. So ist zum Beispiel keine Rede von Kriminalität. Des Weiteren kann man von Problemen des Indikators ausgehen, wenn man das geschlechterspezifische Antwortverhalten von Männern und Frauen nicht außer Acht lässt. Demnach kann es gut möglich sein, dass Frauen mehr „objektive" Angst entwickeln, da sie durch ihre traditionelle Rolle als Hausfrau, nachts auf die Straße zu gehen, schon mit mehr Angst assoziieren. Meiner Meinung nach ist eine solche

Argumentation, wie sie Reuband hier für das Problem mit dem Indikator vorschlägt, mit größtmöglicher Vorsicht zu genießen. Es ist nämlich nicht ganz klar, ob, wenn es mittels der empirischen Sozialforschung oder der persönlichen Wahrnehmung geschieht, überhaupt noch eine traditionelle Rollenverteilung existiert.

Im Großen und Ganzen ist das Problem mit der Variable in Bezug auf das Konzept mit Vulnerabilität jedoch klar, so dass man zusammenfassend feststellen kann, dass ein solcher Indikator nicht ausreicht, um die facettenreichen Hintergründe einer größeren Furcht bei Frauen erklären zu können.

Aus diesem Grund wurden gleichzeitig als dritte Untersuchung Indikatoren in die Befragung aufgenommen, welche affektive und kognitive Elmente enthielten.

„Sie reichen von solchen, die aktuellen Sorgen erfassen über solche, in denen es um die Wahrscheinlichkeit der Viktimisierung innerhalb der nächsten 12 Monate geht, über generalisierte Bedrohungsszenarien bis hin zu Verhaltenskonsequenzen" (Reuband; 1999; S.150).

Die Einführung resultiert auch aus der Tatsache, dass Frauen nicht generell mehr Furcht haben als Männer, sondern die Furcht sich auf bestimmte Delikte beschränkt. So kam es zum Beispiel bei der Einschätzung, selbst in den nächsten 12 Monaten Opfer zu werden, innerhalb der Eigentumsdelikte und dem Einbruch nur zu geringen Unterschieden zwischen Männern und Frauen. Anders sah es jedoch bei der Einschätzung von Überfall- und Sexualdelikten aus. Hier gab es große Unterschiede dahingehend, dass Frauen die Gefahr für höher ansahen, in den nächsten 12 Monaten Opfer zu werden.

„In der Beurteilung der Wahrscheinlichkeit, Opfer von Körperverletzungen zu werden, unterscheiden sich Männer und Frauen gegenüber nicht" (Reuband; 1999; S. 151).

Daraus folgt nach ihm, dass die Geschlechtsunterschiede speziell auf Delikte zurückzuführen sind, in denen eine Handlung, wie beim Raub, spontan und ohne Zutun des Akteurs geschieht. Eine weitere Schlussfolgerung ist, dass Kriminalitätsfurcht bei Frauen nicht generalisiert ist, sondern deliktspezifisch.

Besonderheiten traten jedoch beim Viktimisierungsrisiko in unterschiedlichen Handlungs-Situationen auf. Bei der Auswertung dieser Indikatoren fiel auf, dass Frauen generell die Gefahr höher einschätzen als Männer.

Reuband führt diesen Punkt darauf zurück, dass Frauen die Gefahr von Gewaltdelikten höher einschätzen. Jedoch wird durch statistische Prüfverfahren, wie der Pfadanalyse, diese Besonderheit reduziert. *„Damit kann die Risikowahrnehmung die größere Furcht der Frauen nicht erklären"* (Reuband; 1999; S.152).

Vulnerabilität und Frauen: Möglichkeiten des Selbstschutzes

Wie bereits festgestellt wurde, impliziert die Vulnerabilität die These:

„ Je weniger der einzelne glaubt, sich gegen das Delikt wehren zu können, desto größer die Furcht"(Reuband; 1999; S.152) Auf einem ähnlichen Prinzip basieren auch Untersuchungen zur Angst vor Delikten. Solche Untersuchungen enthalten die These, dass Ängste dann zunehmen, wenn Handlungsressourcen nur wenig bzw. gar nicht zur Verfügung stehen. In diesem Bekenntnis ist nicht die Wahrnehmung entscheidend, sondern das Gefühl in einer Opfersituation. Auch diese These wird von Reuband mit Hilfe verschiedener Variablen, wie z.b. der Frage nach den Chancen, sich in speziellen Situationen verteidigen zu können, untersucht. Dabei stellt er fest, dass Frauen sich hilfloser als Männer fühlen. Darüber hinaus spekuliert er über mögliche Gründe, wie z.b. die Sozialisation und die physische Unterlegenheit der Frau, die zu einem solchen Ergebnis führen.

Hierbei möchte ich auf einige Kritikpunkte eingehen. Zum einen ist anzuzweifeln, dass der gewählte Indikator valide ist, da, wie in der „Rational Choice" Theorie propagiert wird, rationale Handlungen, unter anderem durch Abwägung der Möglichkeiten stattfinden. So ist es sicherlich entscheidend, ob Hilfe z.b. durch Artikulation (in so einem Fall durch Schreien), die Abwehrmöglichkeit steigern würden, jedoch in der Beantwortungssituation des Fragebogens eine solche Verteidigungsmöglichkeit nicht wahrgenommen wurde.

Des Weiteren wird durch solche Indikatoren nicht die Aussage getroffen, ob es sich um einen männlichen oder weiblichen Angreifer handelt. Das bedeutet, dass Frauen ihre Verteidigungsmöglichkeiten immer als geringer einschätzen werden, da zu erwarten ist, dass Befragte sich eher einen Mann als in der Dunkelheit auftauchenden, potentiellen „Gangster" vorstellen. In diesem Fall ist der Argumentation Reubands nichts entgegenzusetzen, da zumindest die meisten Frauen davon ausgehen, dass sie dem männlichen Geschlecht physisch unterlegen sind. Sicherlich ist jedoch zumindest bei den Ergebnissen der Frauen ein Unterschied zu erwarten, wenn man den potentiellen Täter nach dem Geschlecht differenziert. Reuband argumentiert im Fortlauf dieses Abschnittes auch, dass die Unterschiede in den Ergebnissen in der Kriminalitätsforschung als ein Faktor der Geschlechterunterschiede anerkannt wurden. Jedoch, so meint er, erklärt der Faktor nicht den Unterschied zwischen dem Antwortverhalten des weiblichen gegenüber dem männlichen Geschlecht. Diese Aussage beweist er mittels einer Pfadanalyse.

Sexuelle Elemente der Bedrohung

Im Verlauf meines Textes wurde bereits festgehalten, dass Reuband einen direkten Zusammenhang zwischen Geschlecht und Kriminalität feststellte. In diesem Zusammenhang stellt er sich in diesem Abschnitt die Frage, welche anderen bisher unberücksichtigten Faktoren, eine Rolle für dieses Ergebnis spielen könnten.

Dafür führte er in seinem Fragebogen eine offene Frage ein, welche das zu erwartende Delikt beinhaltete. Das heißt die Befragten sollten sich eine Situation vorstellen, in der sie sich in der Opferrolle befinden, und sollten beurteilen welches Delikt sie in diesem Moment erwarten.

Dabei stellte er fest „...*am ehesten thematisiert wird ein körperlicher Angriff [...] Sexuelle Gewalt wird praktisch von keinem Mann genannt, wohl aber im Schnitt von 38% der Frauen"* (Reuband; 1999; S.154).

Er weist darauf hin, dass das nur die Minderheit der Frauen ist und sich die Quote von 38% auf 25 % verringern würde, wenn man die „Nichtantworterinnen" mit in die Auswertung einbeziehen würde.

Auch unter der Einbeziehung der Bedrohungsmomente, so schildert er, übt die Nennung der Sexualdelikte keinen erwähnenswerten Effekt auf den Geschlechtereffekt, der im Übrigen bestehen bleibt, aus. Daraus schlussfolgernd wird vermutet „...*dass die Unterstellung, die Furcht vor Sexualdelikten wäre der Grund für die Furcht vor Raubdelikten bei Frauen, nicht gültig ist"* (Reuband; 1999; S. 154) Jedoch wird diese These verworfen und eher unterstellt, dass Frauen bei Morddelikten etc. einen sexuellen Missbrauch mitbedenken, und daher nur eine Minderheit sofort an ausschließliche Sexualdelikte in einer Bedrohungssituation denkt.

Vermeidungsstrategien

Reuband beschreibt, dass die Kriminalitätsfurcht Auswirkungen auf das soziale Leben hat. So wählen weibliche aber auch männliche Befragte Vermeidungsstrategien, die ein potentielles Delikt verhindern sollen. So wird die These untersucht, nach der davon auszugehen ist, dass Personen die Gesamtheit des Raumes nutzen z.B. Wechseln der Straßenseite, häufigere Nutzung von öffentlichen Verkehrsmitteln, um Gefahren am Tage oder in Nacht zu vermeiden.

Dabei kristallisierte sich heraus: „ *Die Ergebnisse dokumentieren für den Tag nur in geringem Maße Vorsichtsmaßnahmen. Wenn welche gewählt werden, dann bestehen sie in der selektiven Nutzung des Raumes[...]"* (Reuband; 1999; S. 155). Dabei wählten mehr Frauen die Strategie der Raumnutzung, z.B. durch Meidung potentieller Gegenden, als Männer.

Deutlicher werden die Ergebnisse in der Nacht. Hier zeigt die Studie, dass zwar dieselben Strategien wie am Tag gewählt werden, diese jedoch häufiger. Außerdem vermeiden vor allem Frauen die Nutzung von öffentlichen Verkehrsmitteln und greifen lieber auf ein Taxi oder das eigene Auto zurück. Auch ist das Phänomen zu beobachten, dass mehr Frauen als Männer unnötige Aufenthalte, das heißt das Verlassen der Wohnung, in der Dunkelheit vermeiden.

Reuband sucht im weiterem nach Erklärungsansätzen. Dabei argumentiert er zum einen die Möglichkeit, dass sich Vermeidungsstrategien habitualisiert haben könnten und Befragte zwar keine Furcht als solche haben, jedoch als feste Verhaltensmuster solche Strategien unbewusst angeben und nutzen. Ein weiterer Ansatz argumentiert: *„[...]dass zum Teil auch Verhaltensweisen in die Verhaltenstrategie eingehen, die nicht nur Folge der Furcht vor Kriminalität, sondern auch der traditionellen Geschlechterrolle sind"* (Reuband; 1999; S. 156).

Durch einige statistische Prüfverfahren wird, wenn auch nur leicht, gezeigt, dass einige Vermeidungsstrategien auch auf die Geschlechterrolle zurückzuführen sind. Als Indikatoren nutzte er für die kriminalitätsspezifischen Verhaltensweisen, Meidung bestimmter Gegenden, Meidung öffentlicher Verkehrsmittel und das Benutzen des eigenen Autos. Als Indikatoren für die rollenspezifischen Verhaltensweisen nutzte er, abends nur noch mit anderen Personen auszugehen oder überhaupt nicht mehr. Auch hier muss kritisch mit zumindest der rollenspezifischen Variable umgegangen werden, da der Indikator nur sehr schwach bewiesen wird. Es ist also nicht klar, ob ausschließlich alle Frauen und auch alle Altersgruppen diese Strategie gleichermaßen in Erwägung ziehen. Eine Trennung nach Altersgruppen wäre hier sicherlich noch aussagekräftiger.

In seiner Schlussbemerkung dieses Absatzes sieht er eine Überlagerung der Geschlechterrollen und der Abwehrmaßnahmen, aber auch dass die Kriminalitätsabwehr zur Bestärkung der traditionellen Rolle führt. Welche Ursachen es dafür auch immer gibt, die Auswirkungen sind dramatisch *„Frauen verhalten sich zurückgezogener im öffentlichen Raum, besonders abends. Sie geben sich ängstlicher und nutzen seltener die Urbanität ihrer Stadt. Die Qualität der interpersonalen Beziehungen [...] wird dadurch erheblich reduziert"* (Reuband; 1999; S. 156).

Schlussbemerkung

In seiner Schlussbemerkung führt er auf, dass Frauen mehr Angst vor Gewaltdelikten haben als Männer, diese aber auch wahrscheinlich in Gewaltdelikten mit sexuellen Straftaten verbinden. Als Ursache führt er die Vulnerabilität insofern an, dass Frauen es als unwahrscheinlicher einschätzen, einen Täter von einer Tat abhalten zu können als Männer. Weiterhin bemerkt er, dass die Kriminalitätsfurcht entscheidende Einschnitte in das soziale Leben mit sich bringt.

Die Frage, ob und inwieweit sich Frauen von ihrem Verhaltensmuster trennen, stellt er der zukünftigen Kriminalitätsforschung in Auftrag.

Resümee

Der Beitrag von Reuband hat insofern meine Erwartungen erfüllt, dass meine eingangs gestellten Fragen in umfangreicher Form beantwortet wurden. Jedoch wird bei genauer Betrachtung seiner Ergebnisse deutlich, dass seine Untersuchungen sowohl in der Methodik, als auch in den Schlussfolgerungen einige Probleme und Fragen aufwerfen. Des Weiteren halte ich eine Diskussion über mögliche Ursachen mittels der Zuweisung traditioneller Geschlechterrollen als hinreichend überholt und als nicht mehr empirisch nachvollziehbar.

Ein Hinweis auf die Humankapitaltheorien, die scheinbar seinen Deutungen zu Grunde lagen, würde den Text gerade in den Erklärungspassagen verständlicher erscheinen lassen.

Sein Artikel ist dennoch als ein Teil zur Aufklärung des „Kriminalitätsfurchtparadoxon" zu sehen, da er in seiner Schlussbemerkung eindeutig darauf verweist *„Angesichts dessen fällt es schwer, hier von einem generellen gültigen Kriminalitätsfurchtparadoxon zu sprechen oder gar von Irrationalität, welche die Furcht der Frauen kennzeichnet"* (Reuband; 1999; S. 156), wie es in der bisher einschlägigen Literatur üblich war.

Literatur:

Reuband, K.–H.: Geschlechterspezifische Unterschiede in der Kriminalitätsfurcht – eine Folge differenzieller „Vulnerabilität"; in neu Praxis 1999: Seite 147-157

Backhaus, K.; Erichson, B.; Plinke, W.; Schuchard-Fischer, Chr.; Weiber, R.; Multivariate Analysemethoden; Springer-Verlag 1988

Feldmann, K.; Soziologie Kompakt, eine Einführung; Westdeutscher Verlag 2000